Chouette

5e
LV2

12-13 ANS

RÉFORME
NOUVEAU PROGRAMME

W0351723

Espagnol

Nathalie González Pollet

Hatier

Pour t'entraîner à l'oral

Ce cahier est associé à des **fichiers audio** liés aux exercices, signalés par ce pictogramme et disponibles sur le site **www.editions-hatier.fr** :

1. Dans la zone de recherche du site, tape « Chouette espagnol » et sélectionne le cahier de 5e.
2. Dans la fiche article, clique sur l'onglet « Ressources à télécharger » :

3. Télécharge le répertoire contenant tous les sons.
4. Joue les sons correspondant aux corrigés que tu veux écouter.

Suivi éditorial : Dulce Gamonal
Maquette : Frédéric Jély
Illustrations : Juliette Laurent, Louis de la Taille
Mise en pages : Olivier Cabon, Thotm

ISBN 978-2-218-99662-7

Un año en España

PARADA 1

Delante del colegio

Es el día de la vuelta al cole y, este año, Sara, Rafael y Olga están en Primero de ESO (l'équivalent de la Cinquième).

1 Observe les personnages de la photo et coche les phrases vraies.

1. ☐ Sara es una chica.
2. ☐ Olga es española.
3. ☐ Rafael no tiene amigos.
4. ☐ Sara, Rafael y Olga estudian en Barcelona.

2 Regarde la photo et réécris les phrases suivantes en les corrigeant.

1. El amigo de Sara se llama Javier. → ....
2. Los chicos están en clase. → ....
3. Olga es profesora. → ....
4. Sara y Rafael no hablan con Olga. → ....

un(a) alumno(-a): un(e) élève ■ **un(a) chico(-a):** un garçon, une fille ■ **delante de:** devant ■ **después de:** après ■ **hablar:** parler ■ **hasta luego:** à tout à l'heure ■ **llamarse:** s'appeler ■ **mejor:** meilleur(e) ■ **tener:** avoir ■ **vale:** d'accord ■ **ver:** voir ■ **¿verdad?:** n'est-ce pas ?

Située en Catalogne, Barcelone est la 2e plus grande ville d'Espagne après Madrid.

3 Complète le dialogue à l'aide des phrases de l'encadré.

¡Vale! • Me llamo Olga. • ¡Hola! • Soy de México.

SARA: .... ¿Qué tal?

OLGA: Estoy bien ☺.

SARA: ¿Cómo te llamas?

OLGA: .... ¿Y tú?

SARA: Sara. ¿De dónde eres?

OLGA: .... Y tú eres española, ¿verdad?

SARA: Sí, soy española y vivo en Barcelona con mis padres y mi hermano Juan.

OLGA: Vale. ¿Nos vemos después de las clases?

SARA: .... ¡Hasta luego!

OLGA: ¡Adiós!

4 Complète ces phrases avec *ser* ou *tener* conjugués au présent de l'indicatif.

1. Yo .... de Venezuela.
2. Tú .... mi mejor amiga.
3. ¿Cuántos años .... Marta?
4. Inés, ¿.................... muchos deberes?
5. Nosotros no .... clase.
6. ¿Vosotros .... italianos?
7. Ellos .... alumnos.
8. El Señor López .... nuestro profesor.

5 Relie chacun de ces pays hispanophones à la nationalité correspondante.

1. México ●

2. Colombia ●

3. Argentina ●

4. Chile ●

5. Cuba ●

● a. argentino(-a)

● b. cubano(-a)

● c. mexicano(-a)

● d. colombiano(-a)

● e. chileno(-a)

Les verbes ser et tener

- Le verbe **ser** (être) s'emploie pour présenter quelqu'un, indiquer la nationalité ou l'origine.

Soy la mejor amiga de Rafael y **soy** española.
Olga no **es** de Barcelona.

- Le verbe **tener** signifie « avoir ».

¿Cuántos años **tienes**? **Tengo** doce años.

PARADA 2

En clase

Rafael y Sara están en clase de Lengua y Literatura. Hoy, estudian una obra muy famosa : El ingenioso hidalgo Don Quijote de la Mancha.

1 Quels objets scolaires peut-on voir sur l'image? Coche les bonnes réponses.

- ☐ un bolígrafo
- ☐ tijeras
- ☐ un estuche
- ☐ una regla
- ☐ una calculadora
- ☐ un lápiz
- ☐ una mochila
- ☐ un cuaderno
- ☐ una goma
- ☐ un libro
- ☐ un rotulador
- ☐ una agenda

2 Observe la photo et complète les phrases suivantes.

1. El título de la obra más famosa de la literatura española es:
....
2. El autor se llama: ....
3. Los dos personajes principales son:
.... y ....

un bolígrafo: un stylo ■ **borrar:** effacer ■ **cerrar:** fermer ■ **dibujar:** dessiner ■ **escribir:** écrire ■ **un estuche:** une trousse ■ **famoso(-a):** célèbre ■ **un lápiz:** un crayon à papier ■ **leer:** lire ■ **una mochila:** un sac à dos ■ **una obra:** une œuvre ■ **una pizarra:** un tableau ■ **un rotulador:** un feutre ■ **subrayar:** souligner ■ **tijeras:** des ciseaux

L'œuvre de Miguel de Cervantes, écrite au début du XVIIe siècle, raconte les aventures de Don Quichotte, un chevalier errant, et de son écuyer Sancho Panza, à travers les plaines de Castille.

3 Regarde la photo puis entoure la ou les phrases vraies.

1. Rafael no tiene bolígrafo.
2. Los alumnos están en clase de matemáticas.
3. Hay un dibujo en la pizarra.

4 Associe chacun de ces objets scolaires avec le verbe qui convient.

1. una regla ●	● a. escribir
2. un lápiz ●	● b. leer
3. un bolígrafo ●	● c. subrayar
4. un libro ●	● d. dibujar
5. una goma ●	● e. borrar

5 Légende le dessin à l'aide des définitions.

1. La pantalla es la superficie luminosa en la que podemos ver la imagen.
2. El teclado sirve para escribir.
3. El ordenador es una máquina electrónica para el tratamiento de datos.
4. El ratón permite mover el cursor en la pantalla.

6 Complète les bulles avec l'article défini ou indéfini qui convient.

7 Complète les phrases à l'aide des mots suivants : *el aula, la biblioteca, el gimnasio, el comedor.*

1. Pablo, ¿dóndes vas a comer hoy? ¿En ....?
2. Los alumnos juegan al baloncesto en ....
3. Para hacer mi trabajo, necesito un libro de ....
4. Ellos están en ....

Les articles définis et indéfinis

	Singulier	Pluriel
Articles définis	el alumno la alumna	los alumnos las alumnas
Articles indéfinis	un profesor una profesora	Ø profesores

PARADA 3

En la Plaza de Cataluña

Sara y Olga están navegando por internet.

1 Relie chaque début de phrase à la suite qui convient.

1. Sara y Olga están…
2. Sara escribe un mensaje…
3. Rubén es…
4. Olga…
5. En la pantalla se ve…

a. …una página de Facebook.
b. …no conoce a Rubén.
c. …en la Plaza de Cataluña.
d. …a Rubén.
e. …el amigo de Sara.

2 Observe Sara et Olga puis barre les affirmations fausses.

1. Sara lleva gafas.
2. Olga tiene el pelo rubio y corto.
3. Sara y Olga son delgadas.
4. Sara tiene el pelo largo.
5. Sara es pelirroja.
6. Olga tiene el pelo liso.
7. Sara lleva trenzas.
8. Sara es calva.

alto(-a): grand(e) ■ **bajo(-a):** petit(e) ■ **calvo(-a):** chauve ■ **castaño(-a):** châtain ■ **delgado(-a):** mince ■ **largo(-a):** long(ue) ■ **llevar gafas:** porter des lunettes ■ **moreno(-a):** brun(e) ■ **un ojo:** un œil ■ **pelirrojo(-a):** roux, rousse ■ **el pelo:** les cheveux ■ **rizado(-a):** frisé(e) ■ **rubio(-a):** blond(e)

Située près des Ramblas, la Plaza Cataluña est l'une des principales places de Barcelone.

3 **Sara communique avec Rubén sur Facebook. Lis les messages qu'ils s'échangent puis complète les phrases avec cinq caractéristiques physiques.**

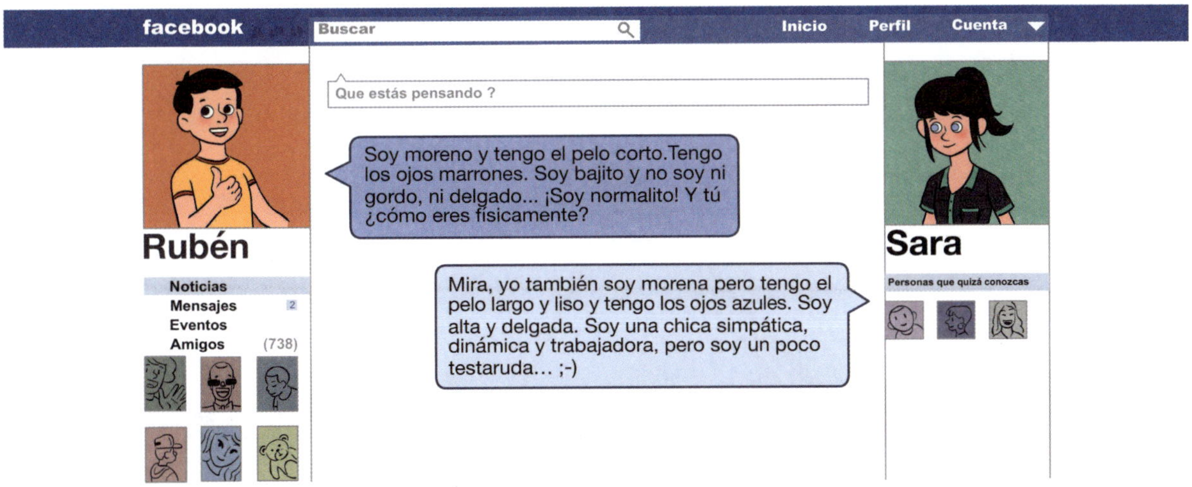

Rubén

- Es ....
- Tiene el pelo ....
- Tiene los ojos ....
- Es ....
- No es ni ....

Sara

- También es ....
- Tiene el pelo ....
- Tiene los ojos ....
- No es baja, es ....
- Es ....

4 **Lis les informations contenues dans l'encadré puis entoure les illustrations qui correspondent à Begoña et à son frère Nacho.**

Begoña es morena. Tiene el pelo largo y rizado. Lleva gafas rojas. Ella es delgada y bajita, mientras que su hermano Nacho es alto. Él tiene el pelo castaño y siempre tiene las manos en los bosillos de los pantalones.

5 **Barre l'intrus.**

1. joven • delgado • guapo • bigote • alto.
2. feo • castaño • moreno • pelirrojo • rubio.
3. largo • liso • rizado • barba • corto.

Le genre et le nombre

- Les noms et adjectifs terminés par -o au masculin ont leur féminin en -a. Lorsqu'ils se terminent par une consonne, on ajoute un -a.

Mi amigo es moreno → Mi amiga es morena.
El profesor es español → La profesora es española.

- Pour former le pluriel, on ajoute un -s aux noms et adjectifs terminés par une voyelle ; on ajoute -es à ceux qui se terminent par une consonne.

Un alumno simpático → Alumnos simpáticos
Un profesor trabajador → Profesores trabajadores.

PARADA 4

El parque de atracciones

Sara y Rafael están en PortAventura para celebrar el cumpleaños de Rafael.

1 Vrai ou faux? Regarde la photo puis coche les cases qui conviennent.

1. Es el cumpleaños de Sara. V ☐ F ☐
2. Sara le da un regalo a su amigo. V ☐ F ☐
3. Rafael cumple 14 años. V ☐ F ☐
4. Rafael y Sara están en un parque de atracciones. V ☐ F ☐

2 Traduis ces phrases en français.

1. Hoy, es el día de mi cumpleaños. → ....
2. ¿Y cuántos años cumples? → ....
3. ¡Toma, es para ti! → ....

el abuelo: le grand-père ■ **el cumpleaños:** l'anniversaire ■ **cumplir (años):** avoir (âge) ■ **dar:** donner ■ **estar casado(-a):** être marié(e) ■ **el hermano:** le frère ■ **la mujer:** la femme ■ **el nieto:** le petit-fils ■ **el primo:** le cousin ■ **un regalo:** un cadeau ■ **el tío:** l'oncle

Situé près de Salou, au sud de Barcelone, PortAventura est le plus grand parc de loisirs d'Espagne et l'un des plus grands d'Europe.

3 Lis les informations ci-dessous puis complète l'arbre généalogique de Rafael.

1. Ramón es su abuelo.
2. Luisa es su prima.
3. Luz es la mujer de Manuel.
4. Inés está casada con Juan.
5. Juan es su tío.
6. Manuel es su padre.
7. Pablo es el hermano de Luisa.
8. Luisa y Pablo son los nietos de Sofía.

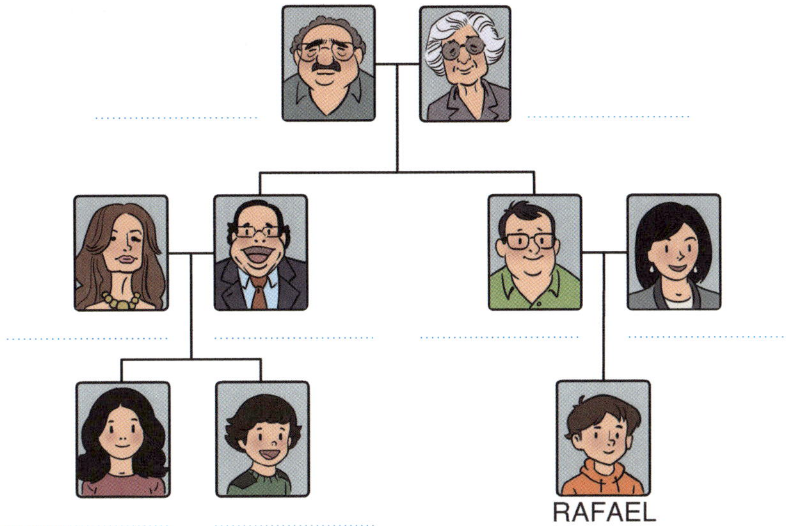

4 Complète ces phrases avec l'adjectif possessif qui convient.

1. Es .... madre. (1re pers. du sing.)
2. Son .... padres. (3e pers. du pl.)
3. Es .... tía. (2e pers. du sing.)
4. Es .... familia. (1re pers. du pl.)
5. Son .... hermanos. (2e pers. du pl.)

5 Remets les mots de cette phrase dans l'ordre.

a | de | mi | he ido | cumpleaños | es | Hoy | el | y | con | día | Sara | PortAventura.

....

6 De qui s'agit-il ?

1. Soy la madre de tu padre. ¿Quién soy?
Eres ....
2. Soy el hermano de tu madre. ¿Quién soy?
Eres ....
3. Soy el hijo de tu tío. ¿Quién soy?
Eres ....

Les adjectifs possessifs

	Un objet possédé	Plusieurs objets possédés
1re pers. sing.	mi (mon, ma)	mis (mes)
2e pers. sing.	tu (ton, ta)	tus (tes)
3e pers. sing.	su (son, sa)	sus (ses)
1re pers. pl.	nuestro, nuestra (notre)	nuestros, nuestras (nos)
2e pers. pl.	vuestro, vuestra (votre)	vuestros, vuestras (vos)
3e pers. pl.	su (leur)	sus (leurs)

juegos 1

1

¿Qué haces en clase? À l'aide du système de codage ci-dessous, retrouve six verbes en relation avec l'école.

1	2	3	4	5	6	7	8	9	10	11	12	13	14	15
A	B	C	D	E	H	I	J	L	N	P	R	S	T	U

1. 5 - 13 - 3 - 12 - 7 - 2 - 7 - 12 → ESCRIBIR
2. 1 - 11 - 12 - 5 - 10 - 4 - 5 - 12 → ___ ___ ___ ___ ___ ___ ___ ___
3. 9 - 5 - 5 - 12 → ___ ___ ___ ___
4. 14 - 12 - 1 - 2 - 1 - 8 - 1 - 12 → ___ ___ ___ ___ ___ ___ ___ ___
5. 5 - 13 - 3 - 15 - 3 - 6 - 1 - 12 → ___ ___ ___ ___ ___ ___ ___ ___
6. 6 - 1 - 2 - 9 - 1 - 12 → ___ ___ ___ ___ ___ ___

2

¡Qué lata! Barre dans la grille les verbes de la liste et, avec les lettres restantes, tu découvriras ce que Rafael n'aime pas faire.

R	V	E	N	I	R	R	E	B	E	B	C
I	S		S	C	O	N	O	C	E	R	O
V	E	R	A	P	O	D	E	R	T		M
I	U		L			R	E	B	A	S	E
V		D	I		I		T	E	N	E	R
S	E	R	R			E	S	T	A	R	
R	E	D	N	E	R	P	M	O	C		A
R	E	C	A	H		D	E	C	I	R	R

beber *(boire)*
comer *(manger)*
comprender *(comprendre)*
conocer *(connaître)*
decir *(dire)*
estar *(être)*
hacer *(faire)*
poder *(pouvoir)*
saber *(savoir)*
salir *(sortir)*
ser *(être)*
tener *(avoir)*
venir *(venir)*
ver *(voir)*
vivir *(vivre, habiter)*

Rafael n'aime pas : ....

3 ¿Cuál es la palabra intrusa? Coche l'intrus parmi les mots suivants.

- ☐ lengua y literatura
- ☐ matemáticas
- ☐ educación física
- ☐ sociales
- ☐ biología
- ☐ música
- ☐ inglés
- ☐ estuche
- ☐ plástica

4 ¿Dónde se habla español? Remets les lettres de ces panneaux dans l'ordre et tu découvriras le nom de cinq pays hispanophones.

___ ___ ___ ___ ___ ___ ___

___ ___ ___ ___ ___ ___ ___ ___

___ ___ ___ ___ ___ ___ ___ ___ ___

___ ___ ___ ___ ___ ___ ___ ___ ___

___ ___ ___ ___ ___ ___ ___

5 ¿Qué pasa? Sara vient d'apprendre une bonne nouvelle. Remets les mots dans l'ordre et tu sauras ce qu'elle dit à ses amis.

profesor | Hoy | clase | está | tenemos | porque | el | ausente | no

Sara dice: ....

6 ¿Cuál es la fecha de hoy? Rafael doit écrire la date sur le tableau. Regarde le calendrier et aide-le à compléter la phrase.

2017	L	M	M	J	V	S	D
E					1	2	3
N	4	5	6	7	8	9	10
E	11	12	13	14	15	16	17
R	18	19	20	21	22	23	24
O	25	26	27	28	29	30	31

La fecha de hoy es ....

Actividad 1

Mi receta preferida

Décode ce message et tu découvriras ce que veut préparer Sara.

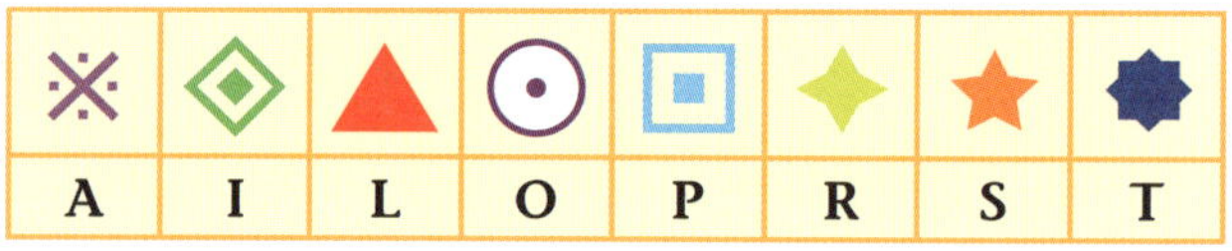

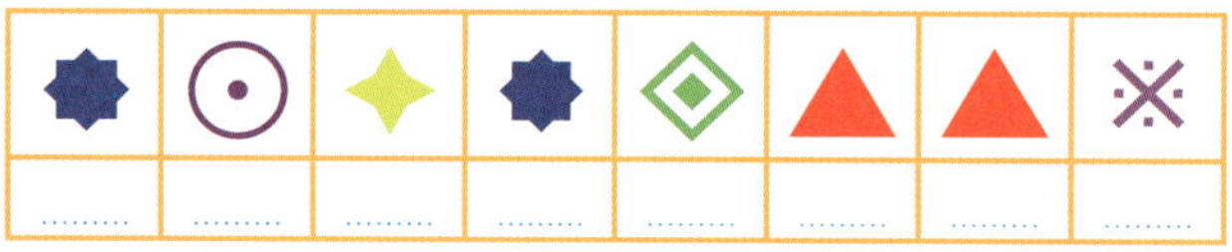

DE 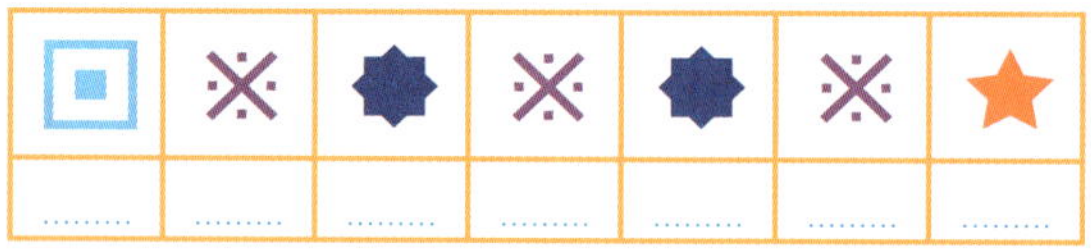

Utensilios necesarios

una sartén

una fuente

un plato

un tenedor

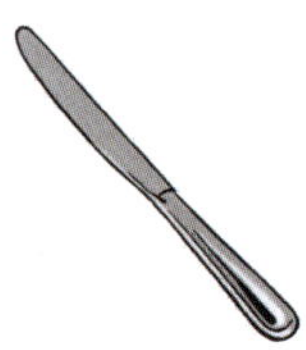

un cuchillo

Ingredientes

- 4 patatas
- 1 cebolla
- 1 pimiento rojo
- 4 huevos
- ½ chorizo
- aceite de oliva
- sal

Preparación

1. Pela las patatas y la cebolla.
2. Corta las patatas, la cebolla y el pimiento en láminas.
3. Echa aceite de oliva en la sartén.
4. Fríe las patatas, la cebolla y el pimiento durante unos 15 minutos.
5. Bate los huevos en una fuente con un poco de sal.
6. Saca las patatas de la sartén con la espumadera.
7. Mezcla las patatas y el chorizo con los huevos.
8. Fríe la mezcla durante cinco minutos.
9. Dale la vuelta a la tortilla con un plato y fríela por el otro lado.

el aceite : l'huile
batir: battre
una cebolla: un oignon
cortar en láminas: couper en lamelles
dar la vuelta: retourner
echar: mettre
freír: frire
un huevo: un œuf
mezclar: mélanger
pegar: coller
un pimiento: un poivron
por el otro lado: de l'autre côté
la sal: le sel

¡Y ahora te toca a tí!

¡Saca una foto de tu tortilla y pégala aquí!

PARADA 5

El aeropuerto

Olga, Rafael y Sara están en el aeropuerto. Se van de viaje a Madrid.

1 Observe la photo puis corrige les deux phrases fausses.

1. Sara, Olga y Rafael están en el aeropuerto de Barcelona. V ☐ F ☐

....

2. Son las diez y media. V ☐ F ☐

....

3. Los adolescentes se van de viaje a Sevilla. V ☐ F ☐

....

2 Regarde la photo puis réponds à la question ¿Qué medio de transporte han elegido los adolescentes para ir a Madrid desde Barcelona?

camión ☐ coche ☐ tren ☐ avión ☐ moto ☐

abrir: ouvrir ■ **un aeropuerto:** un aéroport ■ **con:** avec ■ **costar:** coûter ■ **elegir:** choisir ■ **irse de viaje:** partir en voyage ■ **un museo:** un musée

L'aéroport de Barcelone (El Prat) est le deuxième plus grand aéroport d'Espagne après celui de Madrid.

3 Lis ce document sur le Musée du Prado à Madrid puis réponds aux questions.

Horarios
De lunes a sábado de 10:00 a 20:00h.
Domingos y festivos de 10:00 a 19:00h.

Cerrado: 1 de enero, 1 de mayo y 25 de diciembre

Días con **horario reducido** de apertura: 6 de enero, 24 y 31 de diciembre, de 10:00 a 14:00h

Precio de entrada
Entrada general: 14 €
Entrada general + ejemplar de la *Guía del Prado*: 23 €
Entrada "Dos visitas en un año": 20 €
Entrada reducida: 7 €
Entrada gratuita: 0 €
Abono Paseo del Arte: 25,60 €
La entrada incluye el acceso a la colección y a las exposiciones temporales coetáneas el día de la visita.

1. ¿A qué hora abre el Museo del Prado?
....
2. ¿A qué hora cierra los domingos?
....
3. ¿Cuánto cuesta la entrada con guía?
....

4 Dessine les aiguilles.

1. Son las siete menos veinte de la tarde.

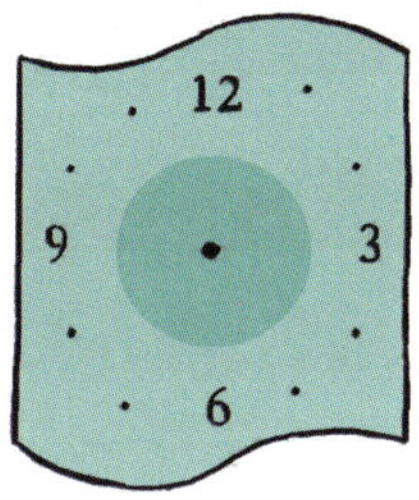

2. Son las nueve y cuarto de la mañana.

3. Son las cuatro y cinco de la tarde.

4. Es la una menos cuarto de la tarde.

5. Son las once y media de la noche.

6. Son las ocho en punto de la mañana.

5 Voici tout ce que Sara doit faire samedi. Complète les phrases en écrivant les heures en toutes lettres.

11:30 : llamar a Sergio
17:15 : médico
19:00 : cine con Rafa

1. Llamaré a Sergio a las ....
2. Después, iré al médico a las ....
3. Iré al cine con Rafa a las ....

L'heure

Pour dire l'heure, j'utilise : **es la** ou **son las**.

Es la **una en punto**. (Il est 13 heures pile.)
Son las **diez y cuarto** de la mañana. (Il est 10 h 15.)
Son las **dos y media** de la tarde. (Il est 14 h 30.)
Son las **once menos cuarto** de la noche. (Il est 22 h 45.)
Son las **tres y cinco** de la tarde. (Il est 15 h 05.)
Son las **siete menos diez** de la tarde. (Il est 18 h 50.)

PARADA 6 De viaje a Madrid

Olga descubre la ciudad de Madrid por primera vez.

1 **Regarde la photo puis entoure la ou les phrase(s) correcte(s).**

1. Sara y Olga están en Valencia.
2. Al fondo se ve una torre de televisión.
3. El parque del Retiro es bastante pequeño.

2 **Que voient Sara et Olga ?**

1. ☐ 
El Palacio de Cibeles

2. ☐ 
El estadio Santiago Bernabéu

3. ☐ 
La estatua del Oso y el Madroño

una almohada: un oreiller ■ **una cama:** un lit ■ **debajo de:** sous ■ **una gorra:** une casquette ■ **una lámpara:** une lampe ■ **una maleta:** une valise ■ **una manta:** une couverture ■ **una sábana:** un drap ■ **un sillón:** un fauteuil ■ **zapatillas de deporte:** des chaussures de sport

Inauguré en 1909, le Palacio de Cibeles, situé à côté du parc du Retiro, est aujourd'hui le siège principal de la mairie de Madrid.

3 **Rafael envoie un texto à Sara pour lui décrire la maison où ils vont être logés pendant leur séjour à Madrid. Lis son message et coche l'illustration qui correspond à la maison décrite par Rafael.**

«La casa de María es... ¡muy chula! :-D. En la planta baja, está la cocina y hay un salón muy grande. En la planta de arriba, hay dos habitaciones y el cuarto de baño. Espera, que te mando una foto para que veas lo bonita que es ☺. Rafa»

1. ☐

2. ☐

4 **Rafael doit partir rejoindre Sara mais quel désordre dans cette chambre ! Observe l'illustration et complète les phrases avec les mots de l'encadré.**

1. Las zapatillas de deporte están .... la cama.
2. Las gafas de sol están .... lámpara.
3. La gorra está en el suelo, ... la maleta.

- debajo de
- a la izquierda de
- al lado del

5 **Barre l'intrus.**

1. nevera • tele • cafetera
2. cama • sillón • sofá
3. almohada • lavabo • manta
4. ducha • bañera • sábana

Situer dans l'espace

- Pour situer dans l'espace, on utilise le verbe : **estar**.

Las chicas **están** en Madrid.
Les filles sont à Madrid.

- **Hay** signifie « il y a ».

Hay dos habitaciones muy grandes.
Il y a deux très grandes chambres.

PARADA 7 En una tienda de ropa

Sara no sabe qué ropa elegir. Olga le echa una mano.

1 Observe la photo et barre les affirmations fausses.

1. Sara y Olga están en una tienda de ropa / un supermercado.
2. Las dos amigas quieren comprar / vender ropa porque hay rebajas.
3. Sara lleva un vestido de color amarillo / rojo.
4. La tienda se llama Desigual / Zara.

2 Entoure en bleu les vêtements que Sara veut essayer et en rouge ceux que tu vois sur la photo.

una falda

un vestido

una camiseta

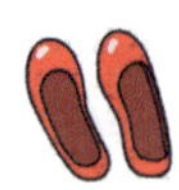
zapatos

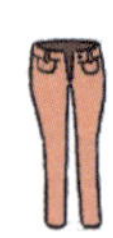
pantalones

un abrigo

una bufanda

un jersey

vaqueros

una camisa

amarillo(-a): jaune ■ **un bolso:** un sac à main ■ **un cinturón:** une ceinture ■ **comprar:** acheter ■ **ir de tiendas:** faire les boutiques ■ **llevar:** porter ■ **querer:** vouloir ■ **las rebajas:** les soldes ■ **la ropa:** les vêtements

Tout comme Mango, Desigual et Bershka, Zara est une boutique de prêt-à-porter implantée aussi bien en Espagne que dans de nombreux pays dans le monde.

3 **Isabel, Juanito, Jaime et Luisa ont fait les soldes. Retrouve la tenue de chaque personnage puis écris dans les encadrés leur prénom.**

1. Isabel lleva pantalones negros, un jersey, un abrigo de color rojo, una bufanda, un gorro y botas.
2. Jaime lleva vaqueros, una camisa azul y zapatos marrones.
3. Juanito lleva una camiseta naranja, pantalones cortos de color verde, una gorra, zapatillas de deporte y gafas de sol.
4. Luisa lleva una blusa blanca, una falda de color rosa, un sombrero, zapatos y un bolso.

....	....	....	....

4 **Conjugue ces verbes à diphtongue au présent de l'indicatif.**

1. Las rebajas (comenzar) .... en julio.
2. ¿(Pensar / tú) .... que debería comprarme estos pantalones?
3. Yo (preferir) .... ir de tiendas con mis amigas.
4. ¿Cuánto (costar) .... el cinturón?
5. ¿A qué hora (cerrar) .... la tienda?

5 **Complète les phrases à l'aide des mots de l'encadré.**

1. Para hacer deporte, necesito ....
2. Cuando hace mucho frío, me pongo el .... , una .... y un par de ....
3. ¡Este .... te queda muy bien!
4. Mi hermana se ha comprado una .... muy chula.
5. ¿Te gustan estos .... ?
6. ¡Qué calor! Voy a ponerme unos .... y una .... de manga corta.

bufanda • falda • zapatillas de deporte • abrigo • guantes • vestido • pantalones cortos • camiseta • zapatos

Les verbes à diphtongue

- Au présent de l'indicatif, certains verbes diphtonguent, c'est-à-dire que la voyelle du radical change : le **e** devient **ie** ; le **o** devient **ue**.
- Cette modification a lieu aux trois personnes du singulier et à la troisième du pluriel.

¿Qué pref**ie**res?
El vestido c**ue**sta 45 euros.

PARADA 8

En Las Ramblas

Rafael le explica a Olga por dónde tiene que ir para ir a Las Ramblas.

1 Sara et Rafael se trouvent près des Ramblas. Quel magasin parmi ceux proposés ci-dessous peut-on voir sur la photo ? Coche la bonne réponse.

☐ 

☐ 

☐ 

2 Remets les mots dans l'ordre pour savoir où veut se rendre Sara.

hay que | a la derecha. | Para ir | hay que girar | seguir todo recto | y después | a Las Ramblas

....

acordarse: se souvenir ■ **a la derecha:** à droite ■ **una calle:** une rue ■ **cerca:** près ■ **el dinero:** l'argent ■ **encontrar:** trouver ■ **esperar:** attendre ■ **girar:** tourner ■ **hacia:** vers ■ **seguir todo recto:** aller tout droit ■ **un semáforo:** un feu tricolore

Las Ramblas est une avenue piétonne emblématique de Barcelone qui s'étend entre la Plaza Cataluña et le monument dédié à Christophe Colomb situé près du port de la ville.

3 **Sara veut rejoindre son amie Olga au marché de la Boquería : lis l'itinéraire envoyé par Olga puis situe le *Mercado de la Boquería* sur le plan. Attention, le plan est en catalan !**

«Si estás cerca del Mirador de Colón, tienes que ir todo recto por Las Ramblas hacia la Plaza Cataluña y al llegar a la estación de metro Liceu, hay que girar a la izquierda. Ya no me acuerdo si es la primera o la segunda calle a la izquierda después de la estación de metro, pero ya verás, es muy fácil de encontrar. Te esperaré en la entrada principal. Un beso. Olga»

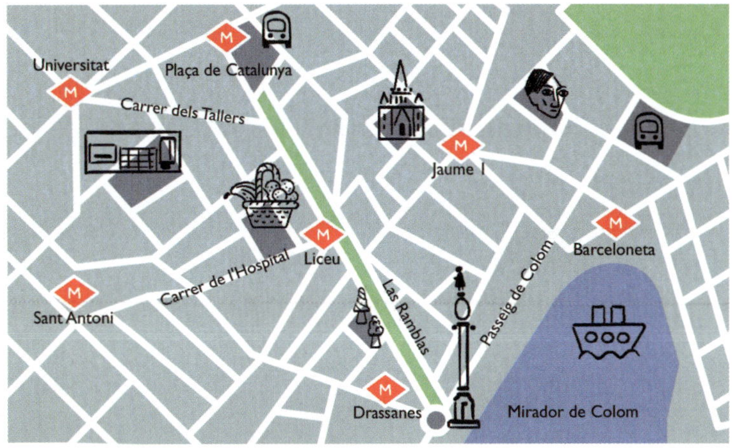

4 **Où dois-tu te rendre pour effectuer les achats suivants ?**
Relie les éléments de la colonne de gauche avec ceux de la colonne de droite.

1. Para comprar pan…	a. …tengo que ir a la pescadería.
2. Para ir de compras…	b. …tengo que ir al banco.
3. Para comprar fruta y verdura…	c. …tengo que ir al supermercado.
4. Para sacar dinero…	d. …tengo que ir a la frutería/verdulería.
5. Para comprar medicamentos…	e. …tengo que ir a la panadería.
6. Para comprar pescado…	f. …tengo que ir a la farmacia.

5 **Observe les illustrations puis complète les phrases avec : *delante, detrás, al lado.***

Javier está .... del árbol.

Raquel está .... del semáforo.

Tomás está .... del supermercado.

L'obligation

- L'obligation personnelle : **tener que** + infinitif.

Tengo que ir a la farmacia. (Je dois aller à la pharmacie.)

- L'obligation impersonnelle : **hay que** + infinitif.

Hay que ir todo recto. (Il faut aller tout droit.)

juegos 2

1 **¿Cuántos años tienen?** Remets les lettres dans l'ordre et tu connaîtras l'âge de ces personnes.

1. Nacho tiene .... años.
2. Elena tiene .... años.
3. Manuel tiene .... años.
4. Horacio tiene .... años.

2 **¿Cuál es la maleta de Lucía?** Retrouve la valise de Lucía après avoir lu ce qu'elle contient.

3 **¡No te lo pierdas!** Décode ce message et tu découvriras ce que tu pourras visiter si tu vas à Madrid.

une armoire : **un armario**
une assiette : **un plato**
une baignoire : **una bañera**
un canapé : **un sofá**
une chaise : **una silla**
une fourchette : **un tenedor**
un lavabo : **un lavabo**
un lit : **una cama**
un oreiller : **una almohada**
une table : **una mesa**
une tasse : **una taza**
une télé : **una tele**
un verre : **un vaso**

La 2ª letra de  + la 2ª letra de 

La 1ª letra de  + la 4ª letra de  + la 3ª letra de 
+ la 6ª letra de  + la 1ª letra de 
+ la 2ª letra de  + la 2ª letra de 

La 5ª letra de  + la 2ª letra de 
+ la 2ª letra de  + la 1ª letra de 

__ __   __ __ __ __ __ __ __   __ __ __ __

4 **En el cuarto de baño.** Qu'y a t-il dans la salle de bain de Sara ?

CHAM · DOR · SE · FO · LA · A · DU · VA · BÓN · CA · ES · JA · PE · GRI · CHA · PÚ · TO · JO · LLA · BO

1. Una __ __ __ __ __ __
2. El __ __ __ __ __
3. Un __ __ __ __ __
4. El __ __ __ __ __ __
5. Una __ __ __ __ __
6. Un __ __ __ __ __ __
7. Un __ __ __ __ __ __ __
8. Un __ __ __ __ __ __

Actividades 2

¿Cuál es tu estilo?

Réponds à ce test et tu découvriras quel est ton style vestimentaire.

1 ¿Qué te llevarías a la playa?

a. ☐ 

b. ☐ 

2 Es el día de tu cumpleaños. ¿Qué vas a ponerte?

a. ☐ 

b. ☐ 

3 ¿Qué prefieres?

a. ☐ 

b. ☐ 

4 ¿Qué zapatos te comprarías para ir a una fiesta con tus amigos?

a. ☐ 

b. ☐ 

Resultado del test

Mayoría de a: Te gusta la moda, pero lo que prefieres es ir cómodo(-a).

Mayoría de b: Lo tuyo es… ¡la moda! Te encanta ir de tiendas y eres una *fashion victim*.

El juego de la piñata

Para realizar la piñata

Necesitas:

- 1 globo
- Varios periódicos
- Cinta adhesiva
- Pegamento
- Tijeras
- 1 pincel
- Pintura
- Caramelos
- Cinta para colgar la piñata

Realización:

1. Hincha el globo.
2. Con las tijeras, corta los periódicos en varias tiras.
3. Pega las tiras de periódico en el globo. Tienes que cubrir el globo con tres o cuatro capas, pero no pegues periódico en la parte superior del globo (para que luego puedas hacer un agujero para rellenar la piñata).
4. Deja que seque durante ocho horas.
5. Pinta y adorna la piñata como más te guste.
6. Haz un agujero en la parte superior de la piñata.
7. Con la punta de las tijeras, haz dos perforaciones para atar la cinta (para poder colgar la piñata).
8. Rellena la piñata con caramelos.
9. Sella el agujero con cinta adhesiva y termina de pintar la piñata.
10. Cuelga la piñata y ¡diviértete!

adornar: décorer
un agujero: un trou
atar: attacher
una capa: une couche
un caramelo: un bonbon
una cinta: un ruban
colgar: accrocher
divertirse: s'amuser
un globo: un ballon de baudruche
hinchar: gonfler
pegar: coller
un periódico: un journal
pintar: peindre
rellenar: remplir
secar: sécher
sellar: sceller

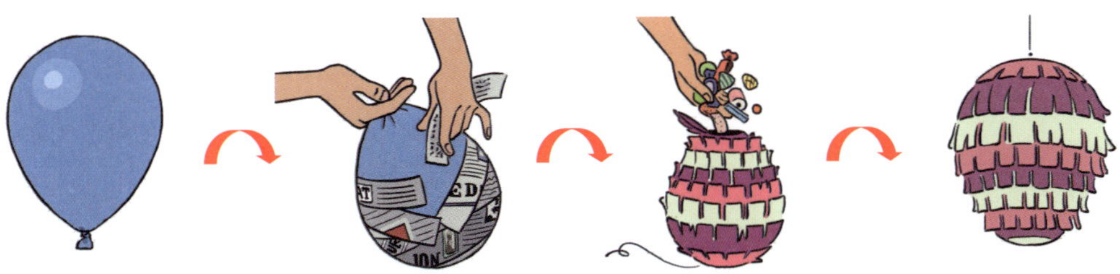

PARADA 9

En casa

¡A Rafael siempre le cuesta levantarse para ir al cole!

1 Observe la photo et complète les phrases à l'aide des mots de l'encadré.

1. Rafael está en su ....
2. Suele despertarse a las ....
3. Su equipo de fútbol preferido es el ....

Barça • siete y cuarto • habitación

2 Regarde la photo puis coche l'affirmation vraie.

1. Rafael se acuesta a las 22:30. ☐
2. Rafael desayuna en la cocina. ☐
3. Rafael hace los deberes. ☐
4. Rafael suele levantarse temprano. ☐

acostarse: se coucher ■ **almorzar:** déjeuner (le midi) ■ **cenar:** dîner ■ **desayunar:** déjeuner (le matin) ■ **despertarse:** se réveiller ■ **hacer los deberes:** faire ses devoirs ■ **ducharse:** se doucher ■ **lavarse los dientes:** se laver les dents ■ **levantarse temprano:** se lever tôt ■ **peinarse:** se coiffer ■ **vestirse:** s'habiller

Fondé en 1899, le F.C. Barcelona, plus connu sous le nom de Barça, est l'un des plus grands clubs de football espagnols, tout comme son célèbre rival : le Real Madrid.

Chouette

5e
LV2

12-13 ANS

Corrigés

Espagnol

Hatier

Corrigés

PARADA 1 Delante del colegio

1 1. Sara es una chica.
4. Sara, Rafael y Olga estudian en Barcelona.

2 1. El amigo de Sara se llama Rafael.
2. Los chicos están delante del colegio.
3. Olga no es profesora, Olga es una alumna.
4. Sara y Rafael hablan con Olga.

3 ¡Hola! – Me llamo Olga.
– Soy de México. – ¡Vale!

4 1. soy
2. eres
3. tiene
4. tienes
5. tenemos
6. sois
7. son
8. es

5 1. México – mexicano(-a)
2. Colombia – colombiano(-a)
3. Argentina – argentino(-a)
4. Chile – chileno(-a)
5. Cuba – cubano(-a)

PARADA 2 En clase

1 un bolígrafo
un lápiz
una goma
un estuche
un cuaderno

2 1. *El ingenioso hidalgo Don Quijote de la Mancha.*
2. Miguel de Cervantes.
3. Don Quijote y Sancho Panza.

3 1. Rafael no tiene bolígrafo.
3. Hay un dibujo en la pizarra.

4 1. una regla – subrayar
2. un lápiz – dibujar
3. un bolígrafo – escribir
4. un libro – leer
5. una goma – borrar

5

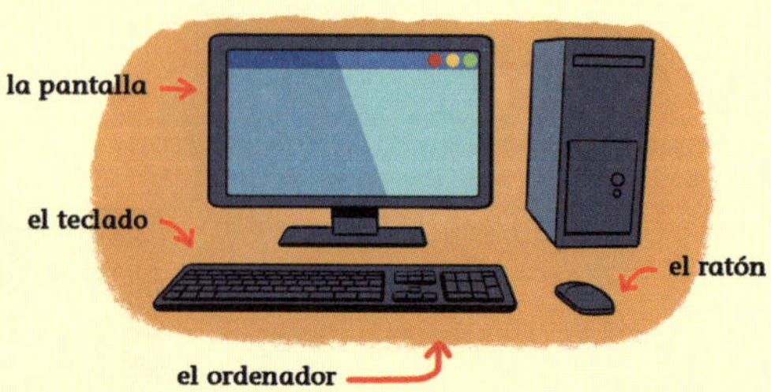

6 – Cerrad **los** cuadernos y abrid **el** libro en la página 13.
– ¿Cómo se escribe **la** palabra "pizarra"?
– ¿Puedes prestarme **un** lápiz, por favor?

7 1. el comedor
2. el gimnasio
3. la biblioteca
4. el aula.

PARADA 3 En la Plaza de Cataluña

1 1. en la Plaza de Cataluña.
2. a Rubén.
3. el amigo de Sara.
4. no conoce a Rubén.
5. una página de Facebook.

2 Les phrases 1, 2, 5, 6, 7 et 8 sont fausses.

3
- Rubén es moreno.
- Tiene el pelo corto.
- Tiene los ojos marrones.
- Es bajito.
- No es ni gordo, ni delgado.

- Sara también es morena.
- Tiene el pelo largo y liso.
- Tiene los ojos azules.
- No es baja, es alta.
- Es delgada.

4

5 1. bigote 2. feo 3. barba

PARADA 4 El parque de atracciones

1 1. F 2. V 3. F 4. V

2 1. *Aujourd'hui, c'est le jour de mon anniversaire.*
2. *Et quel âge as-tu ?*
3. *Tiens, c'est pour toi !*

3

4 1. mi
2. sus
3. tu
4. nuestra
5. vuestros

5 Hoy es el día de mi cumpleaños y he ido con Sara a PortAventura.

6 1. mi abuela 2. mi tío 3. mi primo

Juegos 1

1. 1. escribir
2. aprender
3. leer
4. trabajar
5. escuchar
6. hablar

2. estudiar

R	V	E	N	I	R	R	E	B	E	B	C
I	E	S	S	C	O	N	O	C	E	R	O
V	E	R	A	P	O	D	E	R	T		M
I	U		L			R	E	B	A	S	E
V		D	I		I		T	E	N	E	R
S	E	R	R			E	S	T	A	R	
R	E	D	N	E	R	P	M	O	C		A
R	E	C	A	H		D	E	C	I	R	R

3. estuche

4. 1. Guatemala
2. Paraguay
3. Venezuela
4. Bolivia
5. Uruguay

5. Hoy no tenemos clase porque el profesor está ausente.

6. La fecha de hoy es:
lunes, 18 de enero de 2017.

Actividad 1

Tortilla de patatas.

PARADA 5 El aeropuerto

1 1. V
2. F (Son las nueve y media.)
3. F (Los adolescentes se van de viaje a Madrid.).

2 avión.

3 1. El Museo del Prado abre a las diez de la mañana.
2. Los domingos, el museo cierra a las siete de la tarde.
3. La entrada con guía cuesta 23 euros.

4 1. 18 h 40 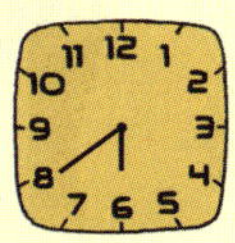
4. 12 h 45 
2. 09 h 15 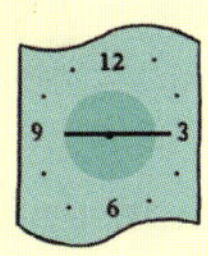
5. 23 h 30 
3. 16 h 05 
6. 08 h 00 

Corrigés

5 1. once y media (de la mañana)
2. cinco y cuarto (de la tarde)
3. siete en punto (de la tarde)

PARADA 6 De viaje a Madrid

1 2. Al fondo se ve una torre de televisión.

2 1. El Palacio de Cibeles

3 Casa n° 2.

4 1. Las zapatillas de deporte están debajo de la cama
2. Las gafas de sol están al lado de la lámpara
3. La gorra está en el suelo, a la izquierda de la maleta.

5 1. tele
2. cama
3. lavabo
4. sábana

PARADA 7 En una tienda de ropa

1 Les affirmations correctes sont :
1. Sara y Olga están en una tienda de ropa.
2. Las dos amigas quieren comprar ropa porque hay rebajas.
3. Sara lleva un vestido de color rojo.
4. La tienda se llama Zara.

2 En bleu : una blusa – vaqueros – un vestido.
En rouge : una falda – una camiseta – zapatos – pantalones.

3

4 1. Las rebajas **comienzan** en julio.
2. ¿**Piensas** que debería comprarme estos pantalones?
3. Yo **prefiero** ir de tiendas con mis amigas.
4. ¿Cuánto **cuesta** el cinturón?
5. ¿A qué hora **cierra** la tienda?

5 1. zapatillas de deporte
2. el abrigo – una bufanda – guantes
3. vestido
4. falda
5. zapatos
6. pantalones cortos – camiseta

PARADA 8 En Las Ramblas

1 una librería

2 Para ir a Las Ramblas hay que seguir todo recto y después hay que girar a la derecha.

3

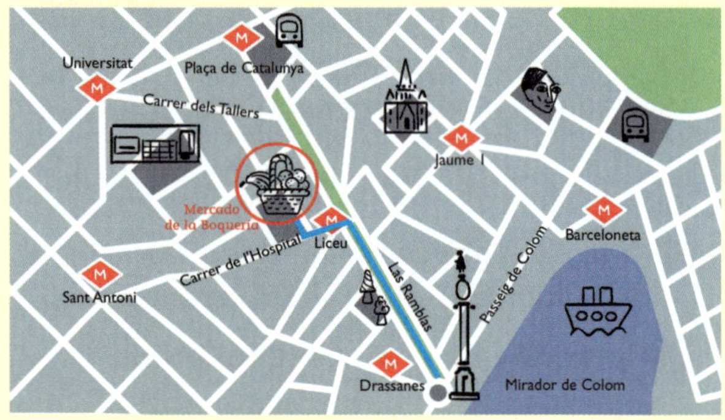

4 1. e 2. c 3. d 4. b 5. f 6. a

5 1. Javier está detrás del árbol.
2. Raquel está al lado del semáforo.
3. Tomás está delante del supermercado.

Juegos 2

1. 1. Nacho tiene diez años.
2. Elena tiene cuarenta años.
3. Manuel tiene treinta años.
4. Horacio tiene ochenta años.

2. Valise n° 1

3. El Palacio Real

4. 1. una ducha
2. el jabón (*le savon*)
3. un grifo (*un robinet*)
4. el champú (*le shampooing*)
5. una toalla (*une serviette*)
6. un lavabo
7. un secador (*un sèche-cheveux*)
8. un espejo (*un miroir*)

PARADA 9 En casa

1 1. Rafael está en su habitación.
2. Suele despertarse a las siete y cuarto.
3. Su equipo de fútbol preferido es el Barça.

2 Rafael suele levantarse temprano.

3 1. Los sábados, suelo despertarme a las 09h30.
2. Suelo desayunar a las 10h15.
3. Suelo hacer los deberes a las 10h45.
4. Suelo almorzar a las 15h00.
5. Suelo jugar al fútbol a las 18h30.
6. Suelo cenar a las 21h00.
7. Suelo acostarme a las 23h30.

4 1. suelo 2. suele 3. solemos

5 1. Se ducha. 2. Se lava los dientes. 3. Se viste. 4. Se peina.

PARADA 10 En el gimnasio

1 2. Están haciendo deporte.
3. A Rafael le encanta jugar al baloncesto.
4. A Rafael no le gusta perder.

2 la natación – el esquí – la equitación

3 1. A mí, me gustan el ciclismo y el béisbol.
2. A ti, te encanta bailar.
3. A ellos, les gusta juagar al rugby.
4. A nosotros, nos encantan los deportes de equipo.

4 1. A Sara le gusta navegar por internet.
2. A Sara y a Olga les encanta ir de tiendas.
3. A Rafael no le gusta hacer los deberes.

5 1. el fútbol 2. el tenis 3. el baloncesto 4. la gimnasia 5. la natación 6. el ciclismo

PARADA 11 En la enfermería

1 1. Rafael se siente fatal.
2. Rafael está en la enfermería del colegio.
3. A Rafael le duele la cabeza.
4. Rafael piensa que tiene fiebre.

2 1. 112 2. 080 3. 091

3 1. Le duele la espalda.
2. Le duele la garganta.
3. Le duele la barriga.

4 1. Tengo frío/fiebre.
2. Me duele la cabeza.
3. Estoy constipado.
4. Me duelen las muelas.

5 1. dentista 2. médico 3. farmacia 4. hospital

PARADA 12 Te aconsejo que comas bien

1 1. F 2. V 3. V

2 Menu n° 1.

gazpacho
pechuga de pollo con patatas
fruta de temporada
1

3 1. manzana
2. pera
3. fresa
4. naranja
5. melón
6. piña
7. plátano
8. uvas
9. zanahoria
10. pimiento
11. judías
12. tomate
13. cebolla
14. champiñón

4 desayunes – consumas – bebas

Corrigés

Juegos 3

1. A Sara no le gusta el rugby.

2.

3. 1. Rafael Nadal juega al tenis.
2. Iker Casillas y Ronaldo juegan al fútbol.
3. Pau Gasol juega al baloncesto.

4. la carne – el pescado – el queso

5. chocolate con churros – empanadillas

Actividad 3

1. Son las siete.
2. un bolígrafo
3. Me duele el pie.
5. paella
6. Son las once y veinte.
7. Me gusta el baloncesto.
8. Sancho Panza
9. vestirse
10. el tenis
12. Me encanta la natación.
13. un vestido
14. bajo
15. Son las dos menos cuarto.
16. Me duele la cabeza.
18. lavarse
19. jugar
20. una manzana
22. tener
23. el rugby
24. Me encanta el chocolate.
26. Me gusta ver la tele.
27. Madrid
29. levantarse
30. Son las diez y media.

PARADA 13 En la playa de la Barceloneta

1 1. Olga y Sara tienen dos toallas – llevan bañadores.
2. La mujer a la izquierda está hablando por teléfono.

2 1. Sara está tomando el sol.
2. Olga está leyendo.
3. Rafael se está bañando en el mar.

3 1. El hombre está leyendo el periódico.
2. El niño está jugando con su padre.
3. Las dos mujeres están hablando.
4. La chica está bailando.
5. El muchacho está escuchando música.

4 1. Mon père est en train de faire la sieste.
2. Qu'est-ce que tu es en train de faire ?
3. Je suis en train de jouer aux jeux vidéo.

5 1. Yo estoy tocando la guitarra.
2. Mi madre está hablando por teléfono.
3. Los alumnos están escuchando al profe.
4. Vosotros estáis jugando al ajedrez.

PARADA 14 Por las calles de Barcelona

1 Les phrases correctes sont :
1. En Barcelona, los taxis son de color negro y amarillo.
2. El chófer está descansando.
3. Rafael dice que será taxista porque piensa que es un trabajo fácil.
4. Sara se ríe porque Rafael es divertido.

2 Sara quiere ser profesora.

3 1. c. Arreglo los coches, soy mecánico.
2. d. Reparto el correo, soy cartero.
3. a. Apago los incendios, soy bombero.
4. e. Cuido de los animales, soy veterinaria.
5. b. Corto el pelo, soy peluquera.

4 1. Yo trabajaré como intérprete.
2. Mi hermano estudiará para ser médico.
3. Nosotros iremos a la universidad.
4. Vosotros elegiréis una carrera profesional.
5. Tú serás abogado.

5 1. c 2. e 3. b 4. d 5. a

PARADA 15 Visitando la ciudad

1 La Casa Batlló

2

1. el Parque Güell

2. la Sagrada Familia

3. la Pedrera

3
1. A las once y media, Olga ha visitado la Casa Batlló.
2. A las dos y cuarto, ha almorzado con Rafael.
3. A las cinco, ha llamado a Sara por teléfono
4. A las seis, ha ido al Parque Güell.
5. A las nueve menos cuarto ha preparado la cena.

4 hemos visitado – ha encantado – hemos ido – hemos dado – hemos regresado – hemos cenado – me he acostado

5
1. a. (cédez le passage)
2. e. (sens obligatoire)
3. d. (interdit de stationner)
4. c. (interdit de tourner à gauche)
5. b. (sens interdit)

PARADA 16 Esperando a los Reyes Magos

1 1. V 2. V 3. F

2 En España, son los Reyes Magos quienes traen los regalos a los niños buenos y carbón a los niños malos en la noche del cinco al seis de enero.

3 Belén – turrón – uvas – Reyes Magos – regalos – roscón de Reyes.

4 El 28 de diciembre es el día de los Santos Inocentes y los españoles suelen gastar bromas.

5 En Francia, es el Papá Noel quien trae los regalos, mientras que en España son los Reyes Magos.

Juegos 4

1.
1. fotógrafo
2. profesor
3. piloto
4. peluquero
5. cartero
6. cocinero

2. 1. c 2. b 3. a 4. d

3. un semáforo (un feu tricolore)

4.

3 **Rafael raconte ce qu'il a l'habitude de faire le samedi. À l'aide des illustrations et des horaires proposés, complète les phrases ci-dessous.**

09:30

→ 1. Los sábados, suelo despertarme a las 09h30.

10:15

→ 2. ....

10:45

→ 3. ....

15:00

→ 4. ....

18:30

→ 5. ....

21:00

→ 6. ....

23:30

→ 7. ....

4 **Complète les phrases suivantes en conjuguant le verbe *soler* au présent de l'indicatif.**

1. Cada día, yo .... desayunar antes de ir al cole.
2. Mi hermano siempre .... levantarse tarde los fines de semana.
3. Después de las clases, nosotros .... hacer los deberes.

5 **Que fait Olga ? Écris sous chaque illustration le verbe au présent qui convient.**

1. ....

2. ....

3. ....

4. ....

L'expression de l'habitude

Pour exprimer l'habitude, on utilise :
soler (ue) + verbe a l'infinitif.

Sueles ir al cole en autobús.
Suelo levantarme a las 7:15.

PARADA 10

En el gimnasio

Sara y Rafael están jugando al baloncesto en el gimnasio del colegio.

1 Observe la photo puis coche les affirmations correctes.

1. Sara y Rafael están viendo un partido. ☐
2. Están haciendo deporte. ☐
3. A Rafael le encanta jugar al baloncesto. ☐
4. A Rafael no le gusta perder. ☐

2 Quels sports ne peut-on pas faire dans un gymnase ? Barre les trois intrus.

1. el fútbol
2. el tenis
3. el balonvolea
4. el balonmano
5. la natación
6. la gimnasia
7. el bádminton
8. el esquí
9. la equitación

Le basket est un sport très apprécié en Espagne : l'équipe des « Niños de Oro » (Pau Gasol, José Calderón, Juan Carlos Navarro, Felipe Reyes...) est sacrée championne du monde en 2006.

el deporte: le sport ■ **encantar:** adorer ■ **gustar:** aimer (quelque chose) ■ **jugar:** jouer ■ **un partido:** un match ■ **pero:** mais

3 Remets les mots dans l'ordre et conjugue le verbe au présent de l'indicatif.

1. gustar / a mí / el ciclismo y el béisbol / me

....

2. bailar / encantar / te / a ti

....

3. a ellos / gustar / jugar al rugby / les

....

4. encantar / los deportes de equipo / nos / a nosotros

....

4 Observe les illustrations et complète ces phrases à l'aide des verbes *gustar* et *encantar*.

→ A Sara le ....

→ A Sara y a Olga ....

→ A Rafael no ....

5 Complète ces définitions à l'aide des sports de l'encadré.

1. Es el deporte más popular del mundo : ....
2. Para practicar este deporte, necesitas una raqueta : ....
3. En cada uno de los dos equipos, hay cinco jugadores muy altos : ....
4. Es un deporte individual : ....
5. Es un deporte olímpico : ....
6. Para praticar este deporte, necesitas una bici : ....

el tenis • la natación • el baloncesto • el fútbol • la gimnasia • el ciclismo

La tournure affective

Les verbes gustar et encantar se construisent comme le verbe « plaire ».

(A mí)	**me** gusta(**n**)
(A ti)	**te** gusta(**n**)
(A él, a ella, a usted)	**le** gusta(**n**)
(A nosotros, a nosotras)	**nos** gusta(**n**)
(A vosotros, a vosotras)	**os** gusta(**n**)
(A ellos, a ellas, a ustedes)	**les** gusta(**n**)

Me gusta el tenis. (J'aime le tennis.)
Te encantan los deportes de equipo. (Tu adores les sports d'équipe.)

PARADA 11

En la enfermería

Rafael se siente mal, así que Sara ha ido con él a la enfermería.

1 Observe la photo et coche la proposition qui convient.

1. Rafael ☐ está en forma ☐ se siente fatal.
2. Rafael está ☐ en el hospital ☐ en la enfermería del colegio.
3. A Rafael le duele ☐ la cabeza ☐ la barriga.
4. Rafael piensa que ☐ tiene gripe ☐ tiene fiebre.

2 Lis l'information en bas de page, puis écris sous chaque illustration le numéro de téléphone à composer.

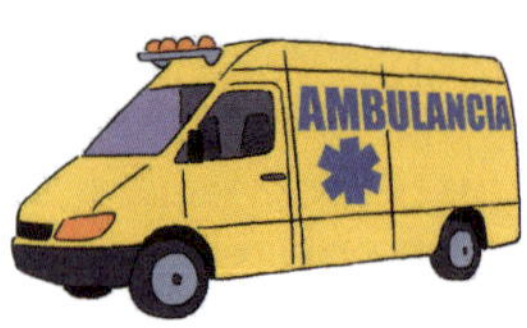

Urgencias: ....

Bomberos: ....

Policía: ....

la barriga: le ventre ■ **la cabeza:** la tête ■ **doler:** avoir mal ■ **estar constipado(-a):** être enrhumé(e) ■ **estar enfermo(-a):** être malade ■ **frío:** froid ■ **las muelas:** les dents (molaires) ■ **tener mala cara:** avoir mauvaise mine

Voici quelques numéros d'urgence en Espagne : 112 (tout type d'urgences), 080 (pompiers) et 091 (police).

3 Observe l'illustration puis coche la bonne réponse.

1\.

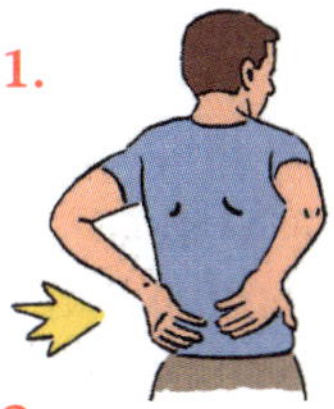

- ☐ Le duelen las piernas.
- ☐ Le duele la espalda.

2\.

- ☐ Le duelen los pies.
- ☐ Le duele la barriga.

3\.

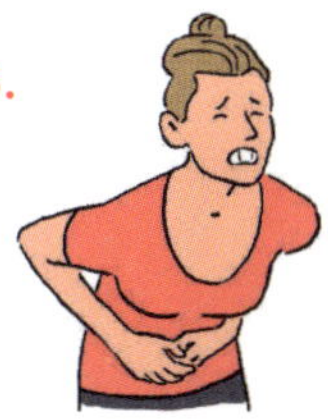

- ☐ Le duele el estómago.
- ☐ Le duele la garganta.

4 Relie les éléments de la colonne de gauche avec ceux de la colonne de droite.

1. Tengo •
2. Me duele •
3. Estoy •
4. Me duelen •

- • a. las muelas

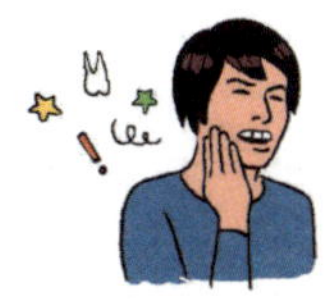

- • b. constipado

- • c. la cabeza

- • d. frío

- • e. fiebre

5 Complète les phrases à l'aide des mots suivants :
médico, dentista, hospital, farmacia.

1. Si te duelen las muelas, tienes que ir a ver al ....
2. Si tienes gripe, tienes que ir al ....
3. Si necesitas algún medicamento, tienes que ir a la ....
4. Si te rompes una pierna, tienes que ir al ....

La construction du verbe doler

- Le verbe doler (ue) est un verbe à diphtongue.

Me duele la barriga. (J'ai mal au ventre.)

- Il se construit comme le verbe gustar.

A ellas les duele la cabeza. (Elles ont mal à la tête.)
Nos duelen los pies. (Nous avons mal aux pieds.)

PARADA 12

El comedor escolar

Rafael y Sara van a almorzar.

1 Observe les personnages de la photo et coche les propositions vraies.

1. Los tres adolescentes están en casa. V ☐ F ☐
2. A Rafael no le gusta la verdura. V ☐ F ☐
3. Sara le aconseja que coma de todo. V ☐ F ☐

2 Quel menu te semble le plus équilibré parmi ceux proposés ?

gazpacho
pechuga de pollo con patatas
fruta de temporada
1

pan con tomate
una hamburguesa con patatas fritas
un helado
2

ensalada de tomates
pescado con arroz
pastel de chocolate
3

beber: boire ■ **un producto lácteo:** un produit laitier ■ **también:** aussi ■ **la verdura:** les légumes ■ **un zumo de fruta:** un jus de fruits

La paella est un plat à base de riz, originaire de Valence (ville située sur la côte est de l'Espagne). Le mot paella signifie « poêle ».

3 Remets les lettres dans l'ordre.

1. M-A-Z-A-N-A-N

_ _ _ _ _ _ _

2. R-A-E-P

_ _ _ _

3. S-A-F-R-E

_ _ _ _ _

4. N-A-J-A-R-A-N

_ _ _ _ _ _ _

5. M-Ó-L-E-N

_ _ _ _ _

6. P-A-Ñ-I

_ _ _ _

7. N-O-T-A-P-L-Á

_ _ _ _ _ _ _

8. S-A-V-U

_ _ _ _

9. Z-A-H-O-N-A-R-I-A

_ _ _ _ _ _ _ _ _

10. M-I-E-N-P-I-T-O

_ _ _ _ _ _ _ _

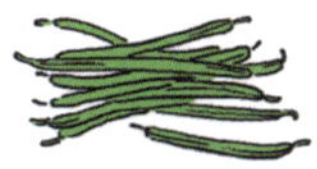
11. D-Í-A-S-J-U

_ _ _ _ _ _

12. T-E-M-A-T-O

_ _ _ _ _ _

13. B-O-L-L-A-C-E

_ _ _ _ _ _ _

14. C-H-A-M-P-Ó-I-Ñ-N

_ _ _ _ _ _ _ _ _

4 Conjugue les verbes entre parenthèses au subjonctif présent.

L'expression du conseil

Pour donner un conseil, on utilise : **aconsejar que + subjonctif** (*conseiller de* + indicatif).

Te aconsejo que comas cinco frutas y verduras.

juegos 3

1 **¿Qué deporte no le gusta a Sara?** Barre toutes les lettres qui se répètent dans cette grille et, avec celles qui restent, tu découvriras le sport que Sara n'aime pas.

E	S	M	I	P	R	A	T	C	X	I	E	Q	X	L
A	U	C	D	E	H	I	J	N	Q	P	H	S	T	D
C	O	J	F	G	M	I	P	V	A	T	H	D	S	O
V	N	F	L	T	B	E	C	P	E	S	Y	T	N	E

A Sara no le gusta ....

2 **¿Qué deporte les gusta?** Relie chacun de ces joueurs au terrain sur lequel il pratique son sport préféré.

3 **¿Conoces a estos deportistas hispánicos?** Complète les phrases avec le sport qui convient.

1. Rafael Nadal juega al ....
2. Iker Casillas y Lionel Messi juegan al ....
3. Pau Gasol juega al ....

4 **Para conservar...** Quels aliments doit-on conserver au frigo ?

1. .... 2. .... 3. ....

5 **¿Qué hay para comer?** Déchiffre le message et tu découvriras deux plats typiques espagnols.

1 → A
2 → E
3 → I
4 → O
5 → U

CH 4 C 4 L 1 T 2 C 4 N
CH 5 RR 4 S

2 MP 1 N 1 D 3 LL 1 S

Les deux plats typiques sont : .... **et** ....

Actividad 3

¡Ven a jugar al juego de la OCA!

Para jugar, necesitas:

- un dado
- un peón para cada jugador

¿Qué hay que hacer?

- Casillas 9, 19 y 22

¿Cuál es el infinitivo?

- Casillas 2, 13 y 20

¿Cómo se dice en español?

- Casillas 1, 6, 15 y 30

¿Qué hora es?

- Casillas 7 y 26

Haz una frase con el verbo "gustar" en primera persona del singular.

- Casillas 12 y 24

Haz una frase con el verbo "encantar" en primera persona del singular.

- Casillas 3 y 16

Haz una frase con el verbo "doler" en primera persona del singular.

¿Cómo se juega?

1. Coloca los peones en la casilla «SALIDA».
2. Por turnos, cada jugador tira el dado y avanza según el número marcado en el dado. Por ejemplo, si el dado marca el número 2, tienes que avanzar de 2 casillas.
3. Contesta a la pregunta y si aciertas, vuelve a tirar el dado. Si te equivocas, le toca a tu amigo(-a).
4. Gana el que primero llega a la casilla n° 32, pero es necesario sacar los puntos justos para pasar la línea de llegada y ganar.

Casillas especiales:

- Si te toca la casilla de la tortuga, pasa turno.

- Si te toca la casilla de la liebre, tira otra vez el dado.

una casilla: une case
contestar: répondre
un dado: un dé
equivocarse: se tromper
ganar: gagner
un jugador: un joueur
tirar el dado: jeter le dé

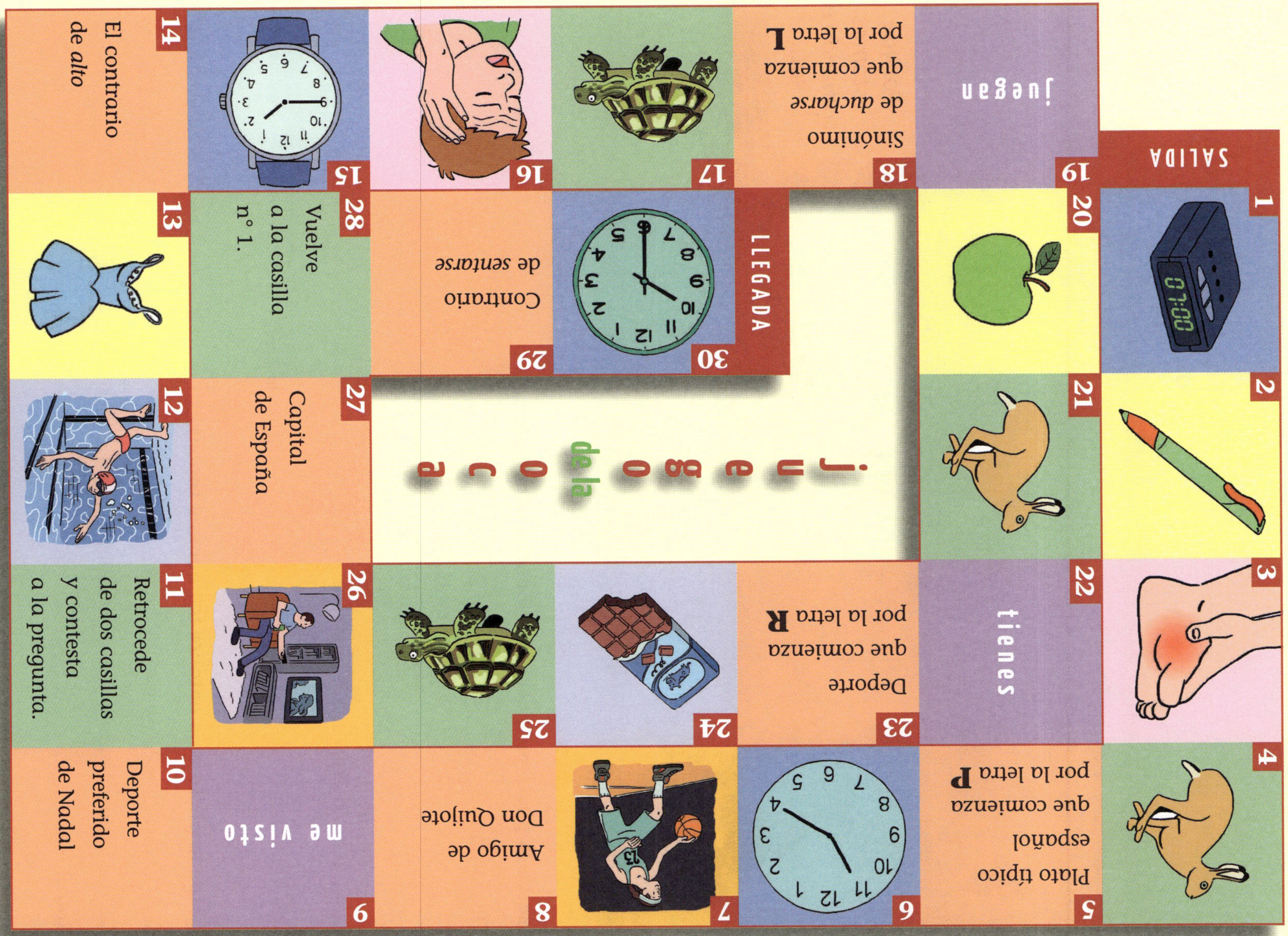
SALIDA
1
2
3
4
5 Plato típico español que comienza por la letra **P**
6
7
8 Amigo de Don Quijote
9 me visto
10 Deporte preferido de Nadal
11 Retrocede de dos casillas y contesta a la pregunta.
12
13
14 El contrario de *alto*
15
16
17
18 Sinónimo de *ducharse* que comienza por la letra **L**
19 juegan
20
21
22 tienes
23 Deporte que comienza por la letra **R**
24
25
26
27 Capital de España
28 Vuelve a la casilla n° 1.
29 Contrario de *sentarse*
30
LLEGADA
juego de la oca

Actividad 3

PARADA 13

En la playa de la Barceloneta

Sara, Olga y Rafael están tomando el sol en la playa de la Barceloneta.

1 Observe la photo puis coche les bonnes réponses.

1. Olga y Sara
   - ☐ tienen dos toallas.
   - ☐ llevan bañadores.
   - ☐ tienen una sombrilla.

2. La mujer a la izquierda
   - ☐ no lleva gafas de sol.
   - ☐ está hablando por teléfono.
   - ☐ está haciendo un castillo de arena.

2 Regarde la photo puis entoure les bonnes réponses.

1. Sara está comiendo un helado / está tomando el sol.
2. Olga está durmiendo la siesta / está leyendo.
3. Rafael está jugando al balonvolea / se está bañando en el mar.

bailar: danser ■ **un bañador:** un maillot de bain ■ **un castillo de arena:** un château de sable ■ **escuchar:** écouter ■ **gafas:** lunettes ■ **nadar:** nager ■ **un periódico:** un journal ■ **una sombrilla:** un parasol ■ **una toalla:** une serviette ■ **dormir la siesta:** faire la sieste

La playa de la Barceloneta *est la plage la plus connue de Barcelone.*

3 Que sont en train de faire ces personnes ? Complète les phrases ci-dessous en utilisant la forme progressive.

1. El hombre .... el periódico.
2. El niño .... con su padre.
3. Las dos mujeres ....
4. La chica ....
5. El muchacho .... música.

4 Traduis ces phrases en français.

1. Mi padre está durmiendo la siesta. → ....
2. ¿Qué estás haciendo? → ....
3. Estoy jugando a los videojuegos. → ....

5 Mets ces phrases à la forme progressive.

1. Yo toco la guitarra. → ....
2. Mi madre habla por teléfono. → ....
3. Los alumnos escuchan al profe. → ....
4. Vosotros jugáis al ajedrez. → ....

La forme progressive

- Pour exprimer **le déroulement d'une action**, on utilise estar + **verbe au gérondif** :
  — présent du verbe **estar** : estoy, estás, está, estamos, estáis, están.
  — formation du **gérondif** : radical + **-ando** (verbes en -ar) ou radical + **-iendo** (verbes en -er/-ir).

Rafael **está** nad**ando**.
Las chicas no **están** com**iendo** helados.

- Attention, certains verbes sont irréguliers au gérondif : dormir → durmiendo ; leer → leyendo

PARADA 14

Por las calles de Barcelona

Rafael y Sara se pasean por las calles de Barcelona.

1 Observe la photo puis raye les réponses fausses.

1. En Barcelona, los taxis son de color rojo y amarillo / negro y amarillo.
2. El chófer está trabajando / está descansando.
3. Rafael dice que será taxista porque le gusta conducir / piensa que es un trabajo fácil.
4. Sara se ríe porque Rafael es divertido / gruñón.

2 Quel métier veut exercer Sara quand elle sera plus grande?

Sara quiere ser

....

un abogado: un avocat ■ **apagar:** éteindre ■ **arreglar:** réparer ■ **un chófer:** un chauffeur ■ **el correo:** le courrier ■ **cortar:** couper ■ **cuidar de:** s'occuper de ■ **descansar:** se reposer ■ **un médico:** un médecin ■ **repartir:** distribuer

À Barcelone, il y a de nombreux taxis. Ils sont facilement repérables puisqu'ils sont tous jaune et noir.

3 Retrouve le métier qui correspond à chacune de ces définitions, puis relie les phrases à l'illustration correspondante.

1. Arreglo los coches, soy .... ● ● a. 

2. Reparto el correo, soy .... ● ● b. 

3. Apago los incendios, soy .... ● ● c. 

4. Cuido de los animales, soy .... ● ● d. 

5. Corto el pelo, soy .... ● ● e. 

4 Conjugue les verbes entre parenthèses au futur.

1. Yo .... (trabajar) como intérprete.
2. Mi hermano .... (estudiar) para ser médico.
3. Nosotros .... (ir) a la universidad.
4. Vosotros .... (elegir) una carrera profesional.
5. Tú .... (ser) abogado.

5 Où travaillent ces personnes ?

1. el panadero ● ● a. en el aeropuerto
2. el cocinero ● ● b. en la escuela
3. el maestro ● ● c. en la panadería
4. la enfermera ● ● d. en el hospital
5. la azafata ● ● e. en el restaurante

Le futur des verbes réguliers

Le futur se forme à partir de l'infinitif + les terminaisons : -é, -ás, -á, -emos, -éis, -án.

De mayor, **seré** taxista.
Iremos a la universidad.

PARADA 15

Visitando la ciudad

Este fin de semana Olga ha visitado la Casa Batlló, una de las obras más famosas de Antonio Gaudí.

1 Quel monument peut-on voir sur la photo ? Coche la bonne réponse.

- ☐ La Pedrera
- ☐ El Palacio Güell
- ☐ La Sagrada Familia
- ☐ El Parque Güell
- ☐ La Casa Vicens
- ☐ La Casa Batlló
- ☐ La Catedral
- ☐ El Monasterio de Pedralbes
- ☐ La Casa Milá

2 Voici quelques œuvres de Gaudí. Écris sous chaque illustration le nom qui correspond au monument représenté.

la Sagrada Familia • la Pedrera • el Parque Güell

1. ....

2. ....

3. ....

Tout comme la Sagrada Familia, la Pedrera ou el Parque Güell, la Casa Batlló est l'une des œuvres du célèbre architecte catalan Antonio Gaudí.

agotado(-a): épuisé(e) ■ **un barrio:** un quartier ■ **dar un paseo:** faire un tour ■ **estrecho(-a):** étroit(e) ■ **regresar:** rentrer

3 Qu'a fait Olga vendredi dernier ? Écris cinq phrases sur le modèle ci-dessous.

ex. : A las diez, Olga ha corrido con su madre.

1. ....
2. ....
3. ....
4. ....
5. ....

10:00	Correr con mamá
11:30	Visitar la Casa Batlló
14:15	Almorzar con Rafa
17:00	Llamar a Sara por teléfono
18:00	Ir al Parque Güell
20:45	Preparar la cena

4 Olga raconte sa journée à Rafael. Conjugue les verbes entre parenthèses au passé composé.

Ayer nosotros .... (visitar) la Casa Batlló, ¿sabes?, la obra de Gaudí que está en el Paseo de Gracia, no muy lejos de La Pedrera. ¡Es una casa preciosa! ¡Me .... (encantar)!

Al terminar la visita, ... (ir) a comer unas tapas y luego .... (dar) un paseo por el Barrio Gótico. ¡Me gusta mucho este barrio! Las calles son estrechas y hay un montón de tiendas, y tú ya sabes cuánto me gusta ir de tiendas ;-).

Luego, ... (regresar) a casa, ... (cenar) y yo .... (acostarse) a las 22:30 porque estaba agotada.

5 Que signifient ces panneaux ? Inscris en face de chaque consigne la lettre du panneau correspondant.

1. ceda el paso ....
2. dirección obligatoria ....
3. prohibido aparcar ....
4. prohibido girar a la izquierda ....
5. dirección prohibida ....

a

b

c

d

e

Le passé composé

- Le passé composé se forme avec haber + **verbe au participe passé**.
  — Présent du verbe : **haber** : he, has, ha, hemos, habéis, han.
  — Formation du participe passé : radical + **-ado** (verbes en -ar) ou + **-ido** (verbes en -er/-ir).

He visit**ado** la Casa Batlló.

- L'auxiliaire **haber** et le participe passé sont inséparables et le participe passé est invariable.

Olga no **ha ido** a visitar la Sagrada Familia.

PARADA 16

Esperando a los Reyes Magos

Rafael y Sara asisten a la cabalgata de los Reyes Magos.

1 Vrai ou faux? Regarde la photo puis coche la case qui convient.

1. Sara y Rafael están en la calle. V ☐ F ☐
2. Asisten a la cabalgata de los Reyes Magos. V ☐ F ☐
3. Rafael le ha escrito una carta a los Reyes Magos. V ☐ F ☐

2 Remets les mots de cette phrase dans l'ordre.

los regalos | son | en la noche del cinco al seis de enero. | a los niños malos | los Reyes Magos | quienes | a los niños buenos | En España, | y carbón | traen

→ ....

....

adornar: décorer ■ **bueno(-a):** gentil(le) ■ **la cabalgata de los Reyes Magos:** le défilé des Rois Mages ■ **la calle:** la rue ■ **un caramelo:** un bonbon ■ **el carbón:** le charbon ■ **una carta:** une lettre ■ **malo(-a):** méchant(e) ■ **mientras que:** alors que ■ **un regalo:** un cadeau ■ **tener suerte:** avoir de la chance ■ **traer:** apporter

En Espagne, ce sont les Rois Mages qui apportent les cadeaux aux enfants la nuit du 5 au 6 janvier. Des défilés sont organisés pour célébrer leur arrivée.

3 Complète les phrases avec les mots suivants.

los regalos

las uvas

los Reyes Magos

el belén

el roscón de reyes

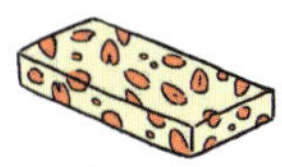
el turrón

- En España, en diciembre, los españoles suelen adornar la casa, montar un árbol de Navidad y un ....
- El 25 de diciembre es Navidad. Los españoles celebran el nacimiento del niño Jesús y comen marisco, pescado, pavo y dulces típicos como el .... , los polvorones o los mazapanes.
- El 31 de diciembre, el día de la Nochevieja, los españoles comen doce .... a medianoche para tener suerte.
- El 5 de enero, por la tarde, es la cabalgata de los Reyes. Los .... desfilan por las calles y les dan caramelos a los niños.
- En la noche del 5 al 6 de enero, Melchor, Gaspar y Baltasar traen los .... a los niños.
- El 6 de enero, se suele comer un dulce típico: el ....

4 Remets les mots de cette phrase dans l'ordre.

los Santos Inocentes | de | El 28 | gastar | de diciembre | bromas.

suelen | el día | y | los españoles | es

→ ....

....

5 Traduis cette phrase en espagnol.

En France, c'est le Père Noël qui apporte les cadeaux alors qu'en Espagne, ce sont les Rois Mages.

→ ....

....

....

....

La forme emphatique

Pour traduire « c'est......qui » quand l'antécédent se réfère à une ou plusieurs personne(s), on utilise : **ser** + le nom + **quien**(**es**).

Es mi mejor amiga **quien** me lo ha dicho.
(C'est ma meilleure amie qui me l'a dit.)

Son mis padres **quienes** hacen la comida.
(Ce sont mes parents qui preparent le repas.)

juegos 4

1 ¿Quiénes son? Retrouve les professions qui correspondent aux six illustrations.

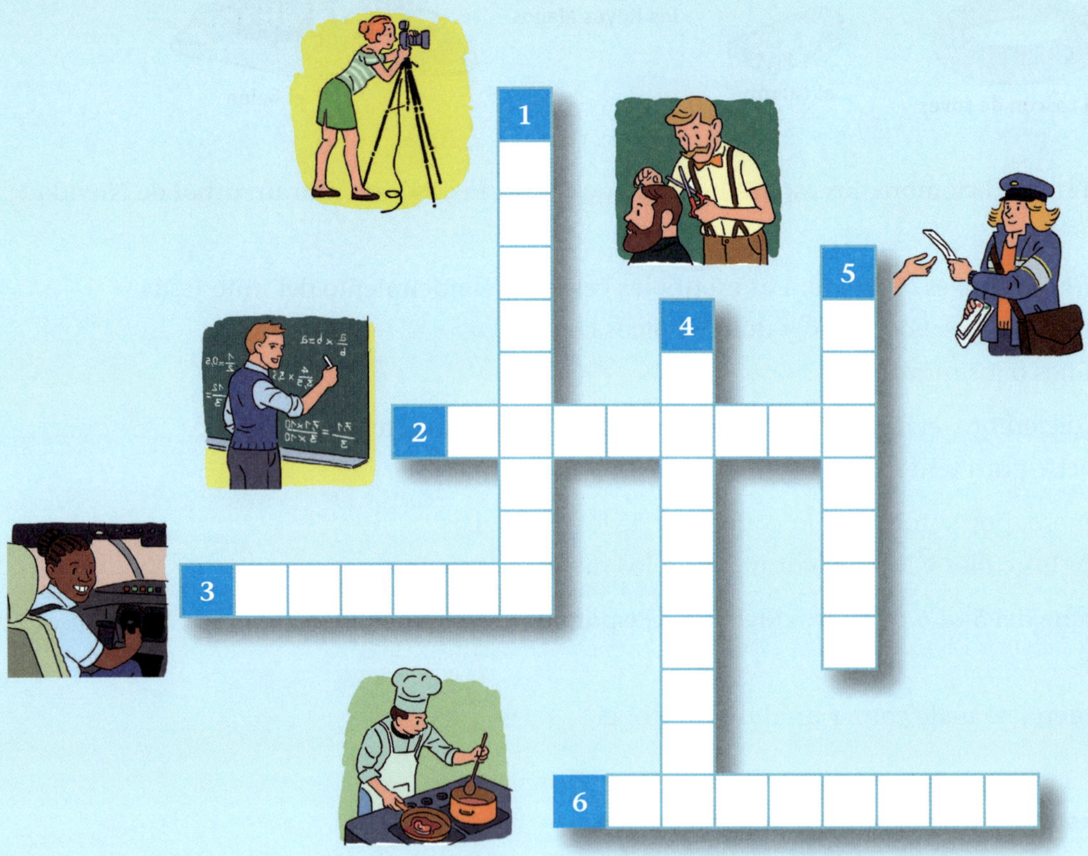

2 ¡Qué divertido! Écris sous chaque illustration la lettre qui correspond à chaque activité.

1. ....

2. ....

a. Jugar al ajedrez

b. Hacer monopatín

c. Jugar a los videojuegos

d. Montar en bici

3. ....

4. ....

3 A ver si aciertas... Lis les informations ci-dessous puis retrouve sur le dessin de quoi il s'agit.

En las ciudades, hay un montón...

Puede ser de color rojo, verde o amarillo.

Cuando se pone rojo, se paran los coches.

Es ....

4 De paseo por la ciudad. Retrouve les cinq différences.

Receta de los mazapanes

Necesitas:

- 125 g. de almendras molidas
- 125 g. de azúcar glas
- 1 clara de huevo

Preparación

1. Mezcla las almendras molidas con el azúcar glas.
2. Añade la clara de huevo y vuelve a mezclarlo todo hasta formar una bola de masa.
3. Con las manos mojadas, crea figuritas diferentes.
4. Coloca los mazapanes en la hoja de papel vegetal.
5. Pon los mazapanes en el horno durante 3 minutos a 200°C hasta que estén ligeramente dorados.
6. Sácalos del horno y deja que se enfríen para que no se rompan.

¡Buen provecho!

las almendras molidas: les amandes en poudre
el azúcar: le sucre
una clara de huevo: un blanc d'œuf
enfriar: refroidir
el horno: le four
la masa: la pâte
mojado(-a): mouillé(e)
el papel vegetal: le papier sulfurisé
romper: casser

Realiza una postal de Navidad

Necesitas:

- 1 hoja de papel grueso
- papel de calco
- 1 lápiz
- un rotulador
- lápices de colores

Realización

1. Dobla la hoja de papel grueso por la mitad.
2. Con el papel de calco, reproduce las ilustraciones que más te gusten y coloréalas.
3. Con un rotulador, escribe:

¡FELIZ NAVIDAD
Y PRÓSPERO AÑO NUEVO!

doblar por la mitad: plier en deux
colorear: colorier
grueso(-a): épais (épaisse)
el papel de calco: le papier calque

Lexique

a

a la derecha: à droite
a la izquierda: à gauche
al lado: à côté
un abogado: un avocat
un abrigo: un manteau
abrir: ouvrir
el abuelo: le grand-père
el aceite: l'huile
aconsejar que: conseiller de
acordarse de: se souvenir de
acostarse: se coucher
adiós: au revoir
adornar: décorer
el aeropuerto: l'aéroport
agotado(-a): épuisé(e)
un agujero: un trou
el ajedrez: le jeu d'échecs
al lado de: à côté de
una almendra: une amande
una almohada: un oreiller
almorzar: déjeuner (le midi)
alto(-a): grand(e)
un(a) alumno(-a): un(e) élève
amarillo(-a): jaune
una ampolla: une ampoule (au pied)
apagar: éteindre
un armario: une armoire
arreglar: réparer
el arroz: le riz
atar: attacher
una azafata: une hôtesse de l'air
el azúcar: le sucre

b

bailar: danser
bajo(-a): petit(e)
un bañador: un maillot de bain
una bañera: une baignoire
la barriga: le ventre
un barrio: un quartier
batir: battre
beber: boire
un belén: une crèche
un bolígrafo: un stylo
un bolso: un sac à main
borrar: effacer
bueno(-a): gentil(le)
una bufanda: une écharpe

c

la cabalgata de los Reyes Magos: le défilé des rois mages
la cabeza: la tête
una calle: une rue
calvo(-a): chauve
una cama: un lit
una camisa: une chemise
una capa: une couche
un caramelo: un bonbon
el carbón: le charbon
una carta: una lettre
una casilla: une case
un castillo de arena: un château de sable
una cebolla: un oignon
cenar: dîner
cerca: près
cerrar: fermer
el champú: le shampooing
un(a) chico(-a): un garçon (une fille)
un chófer: un chauffeur
una cinta: un ruban
un cinturón: une cinture
una clara de huevo: un blanc d'œuf
un(a) cocinero(-a): un(e) cuisinier(-ère)
colgar: accrocher
colorear: colorier
comer: manger
comprar: acheter
comprender: comprendre
con: avec
conocer: connaître
contestar: répondre
el correo: le courrier
cortar: couper
cortar en láminas: couper en lamelles
costar: coûter
cuidar de: s'occuper de
el cumpleaños: l'anniversaire
cumplir: avoir (âge)

d

un dado: un dé
dar: donner
dar la vuelta: retourner
dar un paseo: faire un tour
debajo: sous
decir: dire
delante: devant
delgado(-a): mince
el deporte: le sport
desayunar: déjeuner (le matin)
descansar: se reposer
un despertador: un réveil
despertarse: se réveiller
después: après
detrás: derrière
un día: un jour
dibujar: dessiner
el dinero: l'argent
divertirse: s'amuser
doblar por la mitad: plier en deux
doler: avoir mal
dormir la siesta: faire la sieste

e

echar: mettre
elegir: choisir
encantar: adorer
encontrar: trouver
un(a) enfermero(-a): un(e) infirmier(-ère)
enfriar: refroidir
equivocarse: se tromper
escribir: écrire
escuchar: écouter
un espejo: un miroir
esperar: attendre
estar: être
estar casado(-a): être marié(e)
estrecho(-a): étroit(e)
un estuche: une trousse

f

famoso(-a): célèbre
un flotador: une bouée
freír: frire
frío: froid
la fruta de temporada: les fruits de saison

g

ganar: gagner
gastar una broma: faire une blague
girar: tourner
un globo: un ballon de baudruche
una gorra: une casquette
un gorro: un bonnet
un grifo: un robinet
grueso(-a): épais(e)
gustar: aimer
un grifo: un robinet

h

hablar: parler
hacer: faire
hacer los deberes: faire ses devoirs
hacia: vers
una hamburguesa: un hamburger
hasta luego: à tout à l'heure
hay que: il faut
un helado: une glace
un hermano: un frère
hinchar: gonfler
el horno: le four
hoy: aujourd'hui
un huevo: un œuf

i

ir: aller
ir de tiendas: faire du shopping
irse de viaje: partir en voyage

j

un jersey: un pull
un jugador: un joueur
jugar: jouer

l

una lámpara: une lampe
un lápiz: un crayon à papier
largo(-a): long(ue)
un lavabo: un lavabo
lavarse: se laver
leer: lire
levantarse: se lever
liso(-a): raide
llamarse: s'appeler
llegar: arriver
llevar: porter
llevar gafas: avoir des lunettes

m

una maleta: une valise
malo(-a): méchant(e)
una manta: une couverture
la masa: la pâte
un médico: un médecin
mejor: meilleur(e)
una mesa: une table
mezclar: mélanger
la misa del gallo: la messe de minuit
una mochila: un sac à dos
mojado(-a): mouillé(e)
una mujer: une femme
un museo: un musée

n

nadar: nager
necesitar: avoir beoin de
el nieto: le petit-fils

o

una obra: une œuvre
un ojo: un œil

p

una palabra: un mot
la panadería: la boulangerie
un panadero(-a): un(e) boulanger(-ère)
una pantalla: un écran
el papel de calco: le papier calque
el papel vegetal: le papier sulfurisé
para: pour
un pastel: un gâteau
pechuga de pollo: du blanc de poulet
pegar: coller
peinarse: se coiffer
pelirrojo(-a): roux (rousse)
el pelo: les cheveux
un periódico: un journal
pero: mais
el pescado: le poisson
un pimiento: un poivron
pintar: peindre
la pizarra: le tableau
un plato: une assiette

Lexique

poder: pouvoir
poner: mettre, poser
por el otro lado: de l'autre côté
un primo: un cousin
un producto lácteo: un produit laitier

q

querer: vouloir

r

un ratón: une souris
las rebajas: les soldes
un regalo: un cadeau
regresar: rentrer
rellenar: remplir
repartir: distribuer
rizado(-a): frisé(e)
romper: casser
la ropa: les vêtements
un rotulador: un feutre
rubio(-a): blond(e)

s

una sábana: un drap
saber: savoir
la sal: le sel
salir: sortir
un secador: un sèche-cheveux
secar: sécher
seguir todo recto: continuer tout droit
sellar: sceller
un semáforo: un feu tricolore
ser: être
ser moreno(-a): être brun(e)
una silla: une chaise
un sillón: un fauteuil
un sofá: un canapé
una sombrilla: un parasol
subrayar: souligner

t

también: aussi
una taza: une tasse
un teclado: un clavier
la tele: la télé
temprano: tôt
un tenedor: une fourchette
tener: avoir
tener mala cara: avoir mauvaise mine
tener pecas: avoir des tâches de rousseur
tener que: devoir
tener suerte: avoir de la chance
testarudo(-a): têtu(e)
una tienda: une boutique
tijeras: des ciseaux
el tío: l'oncle
tirar el dado: jeter le dé
el título: le titre
una toalla: une serviette
traer: apporter

v

vale: d'accord
vaqueros: un jean
un vaso: un verre
venir: venir
ver: voir
ver la tele: regarder la télé
¿verdad?: n'est-ce pas ?
la verdura: les légumes
vestirse: s'habiller
un villancico: un chant de Noël
vivir: vivre, habiter

z

una zapatilla de deporte: une chaussure de sport
un zumo de fruta: un jus de fruits

Mémento de conjugaison

Les verbes réguliers

Verbes en *-AR* (modèle : *cantar*)

Indicatif		Subjonctif	
Présent	**Imparfait**	**Présent**	**Imparfait**
canto	cantaba	cante	cantara (-se)
cantas	cantabas	cantes	cantaras (-ses)
canta	cantaba	cante	cantara (-se)
cantamos	cantábamos	cantemos	cantáramos (-semos)
cantáis	cantabais	cantéis	cantarais (-seis)
cantan	cantaban	canten	cantaran (-sen)

Passé simple	Futur	Conditionnel	Impératif	Formes impers.
canté	cantaré	cantaría		**Gérondif**
cantaste	cantarás	cantarías	canta	cantando
cantó	cantará	cantaría	cante	
cantamos	cantaremos	cantaríamos	cantemos	**Participe passé**
cantasteis	cantaréis	cantaríais	cantad	cantado
cantaron	cantarán	cantarían	canten	

Verbes en *-ER* (modèle : *comer*)

Indicatif		Subjonctif	
Présent	**Imparfait**	**Présent**	**Imparfait**
como	comía	coma	comiera (-se)
comes	comías	comas	comieras (-ses)
come	comía	coma	comiera (-se)
comemos	comíamos	comamos	comiéramos (-semos)
coméis	comíais	comáis	comierais (-seis)
comen	comían	coman	comieran (-sen)

Passé simple	Futur	Conditionnel	Impératif	Formes impers.
comí	comeré	comería		**Gérondif**
comiste	comerás	comerías	come	comiendo
comió	comerá	comería	coma	
comimos	comeremos	comeríamos	comamos	**Participe passé**
comisteis	comeréis	comeríais	comed	comido
comieron	comerán	comerían	coman	

Verbes en *-IR* (modèle : *subir*)

Indicatif		Subjonctif	
Présent	**Imparfait**	**Présent**	**Imparfait**
subo	subía	suba	subiera (-se)
subes	subías	subas	subieras (-ses)
sube	subía	suba	subiera (-se)
subimos	subíamos	subamos	subiéramos (-semos)
subís	subíais	subáis	subierais (-seis)
suben	subían	suban	subieran (-sen)

Passé simple	Futur	Conditionnel	Impératif	Formes impers.
subí	subiré	subiría		**Gérondif**
subiste	subirás	subirías	sube	subiendo
subió	subirá	subiría	suba	
subimos	subiremos	subiríamos	subamos	**Participe passé**
subisteis	subiréis	subiríais	subid	subido
subieron	subirán	subirían	suban	

Table des illustrations

4	ph ©	Luis Fidel Ayerves / www.agefotostock.com
6	ph ©	Xavier Subias / www.agefotostock.com
8	ph ©	Pierre Jacques / hemis.fr
10	ph ©	Javier Larrea / www.agefotostock.com
15	ph ©	Jultud / iStock
16	ph ©	David Ramos / Getty Images / Afp
18-h	ph ©	Gregorio Baeza / www.agefotostock.com
18-1	ph ©	Michel Fotografo / Age Fotostock
18-2	ph ©	Jon Arnold Images / hemis.fr
18-3	ph ©	golandr / Fotolia
18-b	ph ©	Gregorio Baeza / www.agefotostock.com
20	ph ©	Jesus Sancho Rodriguez / AP / Sipa press
22	ph ©	Patrick Forget / sagaphoto.com
25	ph ©	borzywoj / iStock
28	ph ©	Photo12 / Alamy
30	ph ©	Alfred Abad / www.agefotostock.com
32	ph ©	2 / Rana Faure / Ocean / Corbis
34-h	ph ©	Nicolas Tavernier / Rea
34-b	ph ©	M. Studio / Fotolia
40	ph ©	Peter Erik Forsberg / www.agefotostock.com
42	ph ©	MM Images / www.agefotostock.com
44-h	ph ©	Stuart Crump - SCFotos / www.agefotostock.com
44-1	ph ©	Michal Krakowiak / iStock
44-2	ph ©	Sergii Figurnyi / Fotolia
44-3	ph ©	Brian Kinney / Fotolia
44-b	ph ©	Stuart Crump - SCFotos / www.agefotostock.com
46	ph ©	Matthias Oesterle / Zuma / VISUAL Press Agency
50	ph ©	Juanmonino / iStock
Corrigés		
III	ph ©	Jultud / iStock
IV	ph ©	borzywoj / iStock
VII-1	ph ©	Michal Krakowiak / iStock
VII-2	ph ©	Sergii Figurnyi / Fotolia
VII-3	ph ©	Brian Kinney / Fotolia

Achevé d'imprimer par l'Imprimerie de Champagne à Langres — France
Dépôt légal : 99662-7/01 — Juillet 2016

IMPRIM'VERT

PAPIER À BASE DE FIBRES CERTIFIÉES

s'engage pour l'environnement en réduisant l'empreinte carbone de ses livres. Celle de cet exemplaire est de : 200 g éq. CO_2 Rendez-vous sur www.hatier-durable.fr